Verbreitung
Lebensraum

Viktoriasee
Mabamba-Sumpf

Schuhschnabel
Einführung
Merkmale
Ernährung

Engster Verwandter

Erhaltungszustand
Bedrohungen

Schuhschnäbel sind hauptsächlich in den Feuchtgebieten des zentralen tropischen Afrikas zu finden, insbesondere in Ländern wie Uganda, Ruanda, Südsudan und Sambia.

Vereinzelt wurden Schuhschnäbel auch in der nördlichen Region Kameruns, im Südwesten Äthiopiens, in Malawi, der Zentralafrikanischen Republik und Kenia gesichtet.

Der Viktoriasee ist der größte See in Afrika und der zweitgrößte Süßwassersee nach dem Lake Superior in Nordamerika.

Der Viktoriasee wird von drei Ländern in Ostafrika begrenzt:

Uganda
Kenia
Tansania

Diese Länder haben Zugang zu den Ufern des Viktoriasees und nutzen seine Ressourcen für verschiedene Zwecke wie Fischerei, Transport und Tourismus.

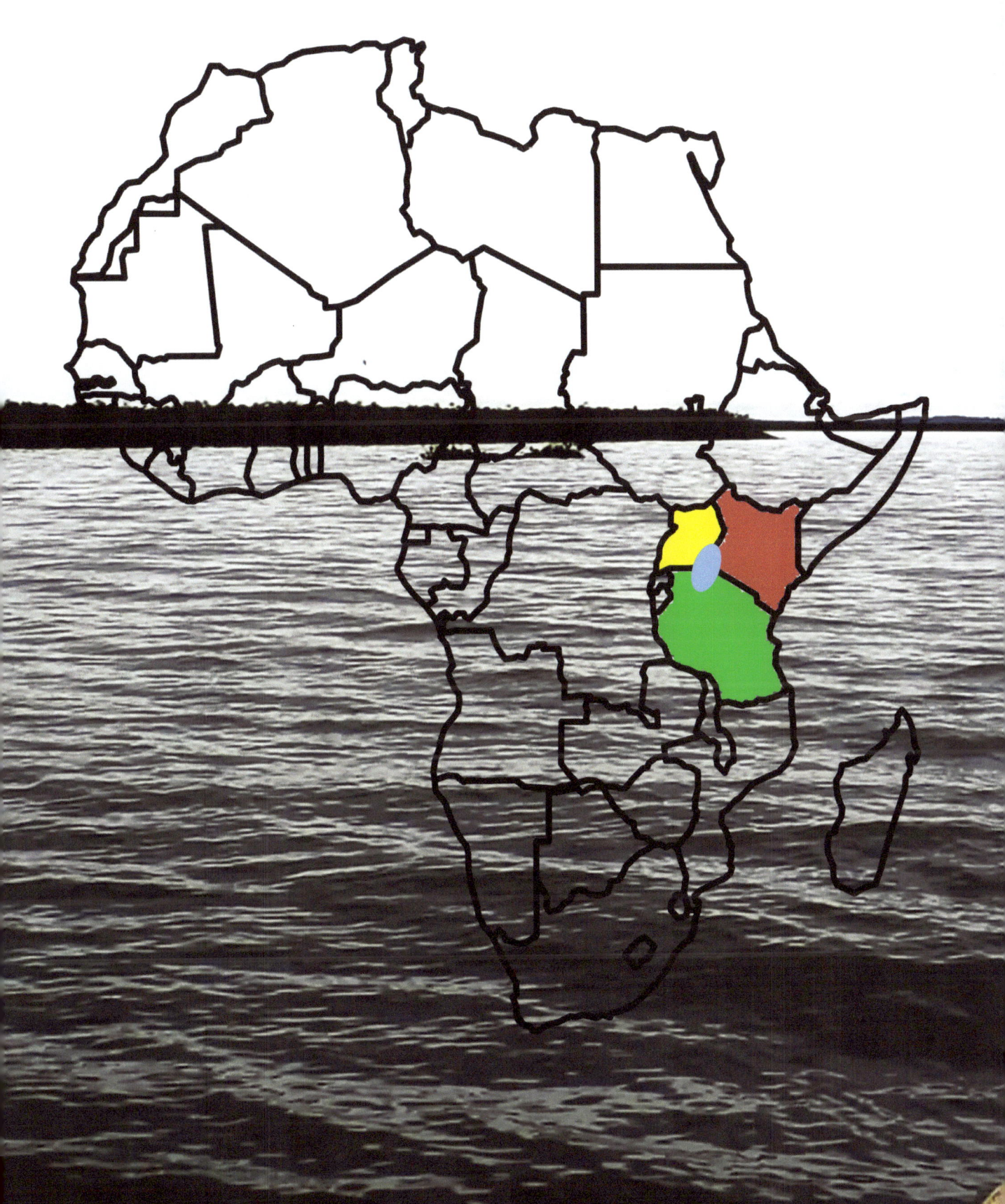

Die Mabamba-Bucht am Ufer des Sees ist einer der besten Orte, um Schuhschnäbel zu beobachten.

Dieses ausgedehnte Feuchtgebiet bietet reichlich Nahrungsquellen und geeignete Nistplätze für Schuhschnäbel, was es zu einem idealen Lebensraum macht.

Inmitten eines Wandteppichs aus Schilf und Seerosenblättern lebt ein Wesen, das die Vorstellungskraft übersteigt.

Der Schuhschnabel

Man nimmt an, dass der Name "Schuhschnabel" auf den charakteristischen Schnabel des Vogels zurückzuführen ist, der Ähnlichkeit mit einem traditionellen holländischen Holzschuh oder Schuh hat.

Der Schuhschnabel, wissenschaftlich als Balaeniceps rex" bekannt, ist auch unter anderen Namen wie Abu Markub (Vater des Schuhs), Walkopf und Walkopfstorch.

Sie sind für ihre Fähigkeit bekannt, lange Zeit völlig still zu stehen und sich in der Vegetation zu tarnen, um Beutetieren aufzulauern.

Schuhschnäbel sind Einzelgänger und werden selten in Gruppen gesehen.

Der Schnabel des Schuhschnabels ist wirklich bemerkenswert in Größe und Form.

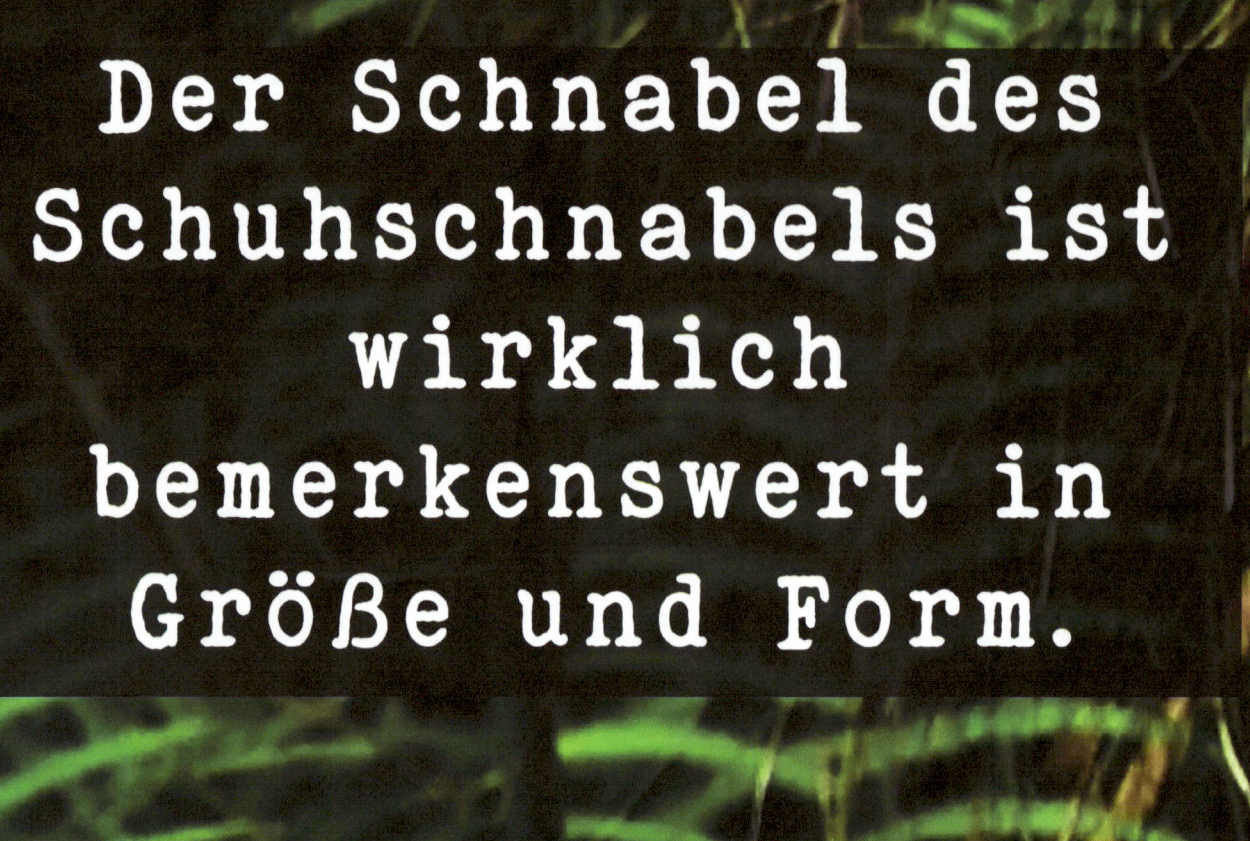

Er kann bis zu 9 Zoll (etwa 23 Zentimeter) lang sein.

Der Blick eines Schuhschnabels wird oft als intensiv und durchdringend beschrieben.

Wenn es jemals einen Wettbewerb im Anstarren von Tieren gegeben hätte, dann hätte der Schuhschnabel ihn definitiv gewonnen.

Die Augen des Schuhschnabels sind in der Regel leuchtend gelb, was in starkem Kontrast zu den dunklen Federn steht und zu seinem rätselhaften Erscheinungsbild beiträgt.

Der Schuhschnabel wird in der Regel zwischen 3,6 und 4,6 Fuß (etwa 110 bis 140 Zentimeter) groß.

Damit ist er eine der größten Vogelarten in seinem Lebensraum.

Trotz seiner Größe ist der Schuhschnabel ein geschickter Flieger, der auf der Suche nach Nahrung und geeigneten Nistplätzen weite Strecken zurücklegen kann.

Der Schuhschnabel ist nicht wie andere Zugvögel für Langstreckenflüge bekannt; stattdessen ist er typischerweise auf Kurzstreckenflüge innerhalb seines Feuchtgebietslebensraums angewiesen.

Schuhschnäbel ernähren sich hauptsächlich von Fischen, insbesondere von lungenfische, Afrikanische Raubwels und Nilbuntbarsch.

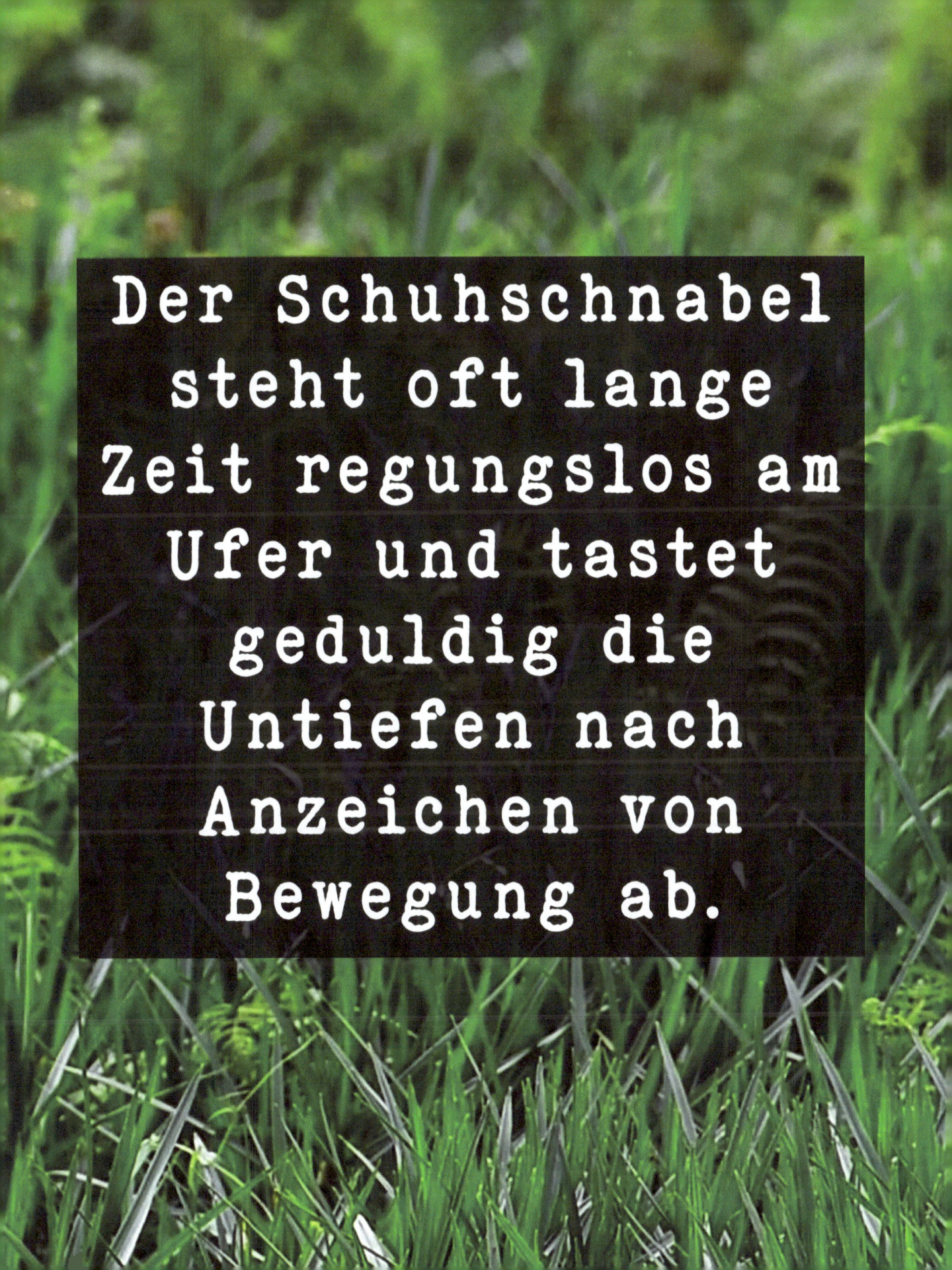
Der Schuhschnabel steht oft lange Zeit regungslos am Ufer und tastet geduldig die Untiefen nach Anzeichen von Bewegung ab.

Sobald er einen Lungenfisch oder eine andere Beute erspäht hat, nutzt der Schuhschnabel seine kräftigen Halsmuskeln, um seinen massiven Schnabel mit bemerkenswerter Geschwindigkeit und Präzision nach unten ins Wasser zu strecken.

Der Erhaltungszustand des Schuhschnabels wird als "verletzlich" eingestuft.

Der Schuhschnabel ist bei hohem Aussterberisiko.

Die Population der Art ist erheblich zurückgegangen, und es sind dringend Erhaltungsmaßnahmen erforderlich.

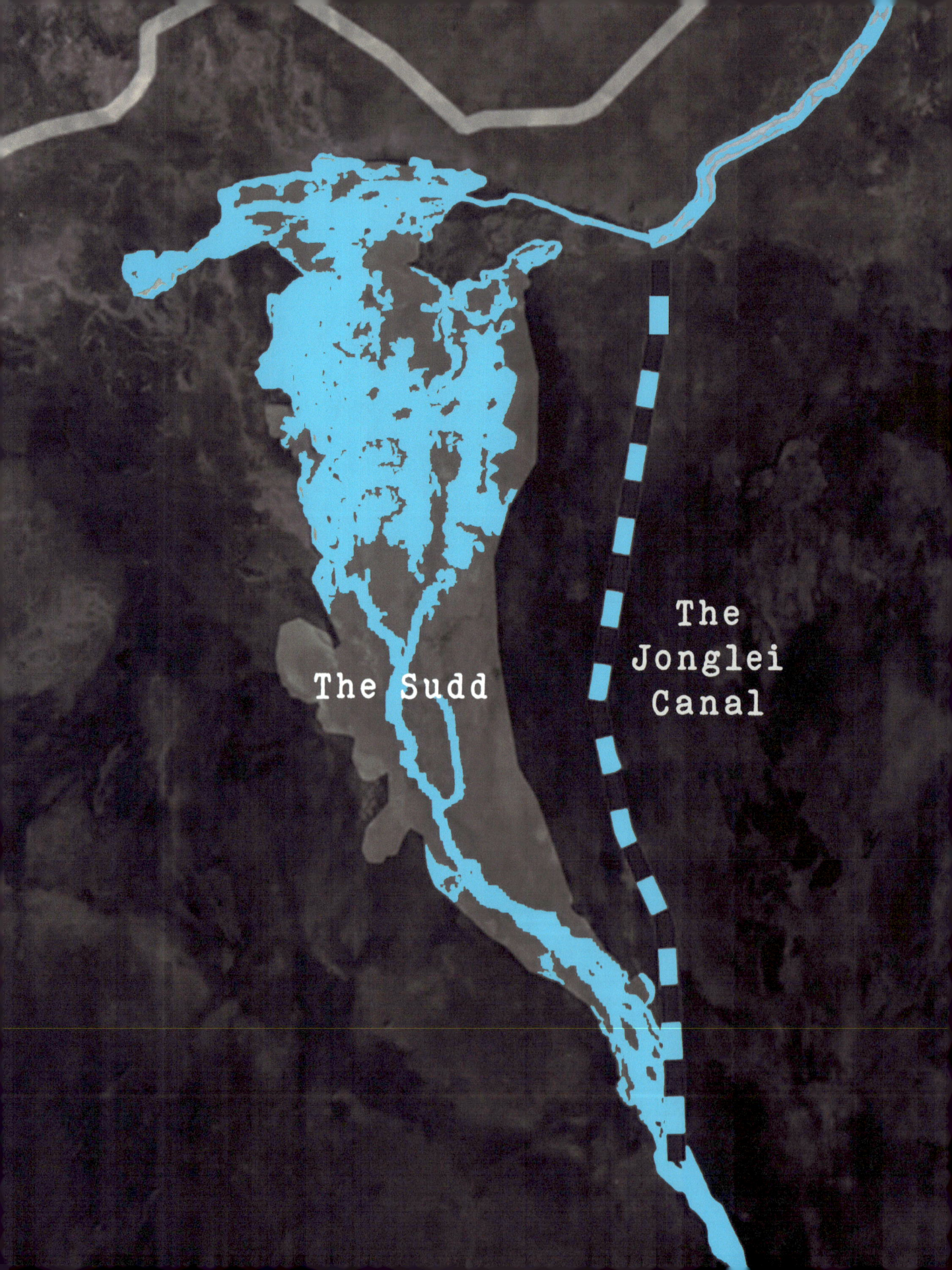

Das Projekt des Jonglei-Kanals stellt eine erhebliche Bedrohung für den Schuhschnabel und seinen Lebensraum dar, da er Wasser aus dem Weißen Nil im Südsudan nach Ägypten umleiten würde.

Auch die Störung durch Touristen, Fotografen und Forscher kann die Vögel stressen und zur Aufgabe von Nistplätzen führen.

Abwässer aus der Landwirtschaft, Industrieabwässer und Mülldeponien können die Gewässer verunreinigen, in denen Schuhschnäbel leben und brüten.

Schuhschnäbel werden gelegentlich von Wilderern für den illegalen Wildtierhandel ins Visier genommen.

Sie sind wegen ihres einzigartigen Aussehens und als exotische Haustiere begehrt, was zu illegalem Fang und Handel führt, was sich auf die Wildpopulationen auswirken kann.

Obwohl der Schuhschnabel in den letzten Jahren an Anerkennung gewonnen hat, gilt er im Vergleich zu ikonischen Tieren wie Löwen und Elefanten immer noch als eine weniger bekannte Art.

Die Verbreitung von Informationen über den Schuhschnabel ist entscheidend für die Förderung seiner Erhaltung, die Sensibilisierung für seine ökologische Bedeutung und die Unterstützung lokaler Gemeinschaften.

Außerdem inspiriert es die Menschen dazu, Maßnahmen zum Schutz dieser bemerkenswerten Art und der Lebensräume, von denen sie abhängt, zu ergreifen.

www.ingramcontent.com/pod-product-compliance
Lightning Source LLC
Chambersburg PA
CBHW041531220426
43672CB00003B/12